Aprendiendo sobre la Enfermedad de Células Falciformes

Aprendiendo Sobre la Enfermedad de Células Falciformes

Por Elle Cole

Derechos de Autor © 2020 Elle Cole

Publicado por CleverlyChanging

Diseño de Portada: por Kate Hamernik

Ilustraciones: Kate Hamernik

Traducido al español por Montserrat González de Cardy, MEd.

Diseño: David Cavins

Todos los derechos reservados. Ninguna porción de este libro puede ser reproducido en ninguna forma sin permiso de la editora, excepto como permitido por la Ley de Derechos de Autor de U.S.A. Subir digitalmente o distribuir imágenes, escaneos o algún contenido de este libro sin permiso previo es robo de la propiedad intelectual del autor. Por favor honrar el trabajo del autor como si fuese suyo. Gracias de antemano por respetar los derechos de autor. Para permisos contactar:

Contact@CleverlyChanging.com o llama al 410-429-7043.

Para información sobre descuentos especiales disponibles para compras en cantidad o al por mayor, promociones de ventas, recaudación de fondos y necesidades educativas, contactar a: Contact@CleverlyChanging.com o llamar al 410-429-7043.

ISBN: (impresión) 978-1-7350498-6-1

Impreso en los Estados Unidos de América.

Dedicatorias del Libro

Este libro está dedicado a la más asombrosa guerrera de Anemia Falciforme (falsemia) que yo conozco, Laila. Quiero que siempre recuerdes que ¡mami, papi y Maya te aman!

Este libro te ayudará a explicarle a los niños sobre la Anemia Falciforme (Falsemia). Favor consultar un médico para diagnósticos y tratamientos específicos.

Cada año, como 1 en 13 bebés Afro-Americanos nacen con el gen de la Anemia Falciforme. También, 1 en 365 niños Afro-Americanos nacen con Anemia Falciforme (Falsemia). Aproximadamente 1 de cada 16,300 Hispano-Americano nacerá con Anemia Falciforme (Falsemia). (CDC.gov)

La Anemia

Los doctores cuidan de sus pacientes (personas que están enfermas) que no producen suficiente sangre; esta condición se llama anemia. La anemia ocurre cuando el cuerpo de una persona tiene un número más bajo de células rojas en la sangre. Estas células rojas de la sangre están supuestas a llevar oxígeno a lo largo del cuerpo completo. La anemia puede hacerte sentir cansado como si no quisieras moverte. Las personas que tienen Anemia Falciforme (Falsemia) se sienten somnolientas, deben tomar una siesta.

Las células de la sangre

Cuando vas a un doctor, uno de los ayudantes del doctor llamada enfermera- tendrá que revisar tu sangre. Tendrás que sentarte en la silla mientras la enfermera usa herramientas especializadas para obtener un poco de tu sangre. Podrás sentir un pellizco, pero no dolerá por mucho tiempo. La enfermera pondrá la jeringa en tu piel para llenar pequeños potecitos con tu sangre para que el doctor pueda ver de cerca como tu cuerpo está trabajando para ti.

Una de las herramientas que los doctores y sus ayudantes usan para tu sangre se llaman jeringas. No tienes que temer de la jeringa; los ayudantes del doctor no están tratando de lastimarte. Ellos quieren ayudarte recolectando tu sangre.

Algunas veces, puede ayudar poner música para calmar tu mente y distraerte mientras la enfermera llena los tubos con tu sangre. También puede ser útil voltear tu cabeza y mirar hacia otra dirección.

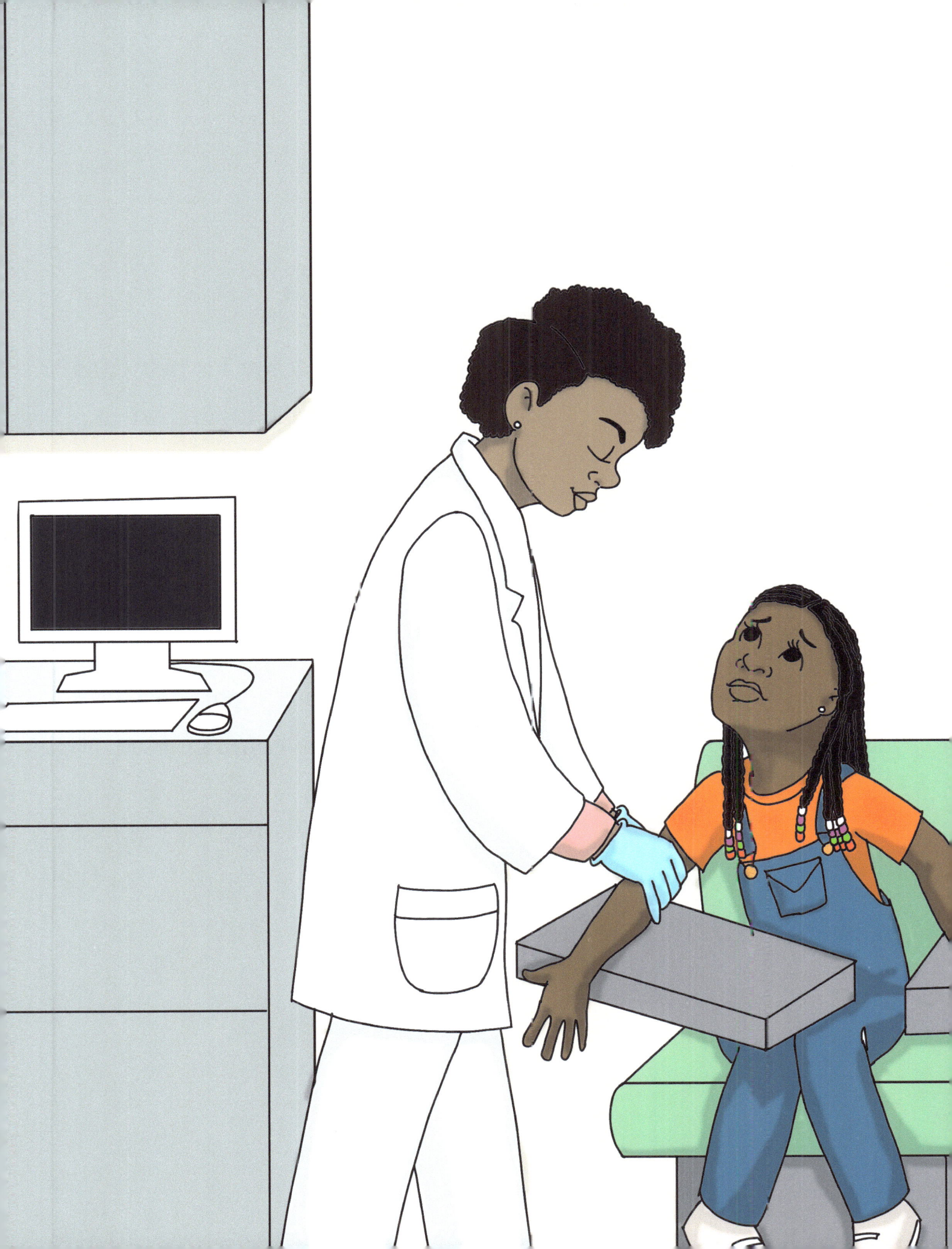

Las Células

Las células están dentro de cada ser vivo como las personas, plantas y animales. Hay 3 tipos de células de sangre en tu cuerpo: glóbulos blancos, glóbulos rojos y las plaquetas- las células de la sangre en tu cuerpo flotan dentro de tus vasos sanguíneos. Los glóbulos blancos te ayudan a rechazar los gérmenes y tus glóbulos rojos ayudan a tu cuerpo llevando el oxígeno que necesita. Las plaquetas, las células de la sangre más pequeñas, ayudan tu sangre a coagular (o agruparlos juntos para convertirse en una masa sólida como cuando tienes una costra).

Trastorno

La Anemia Falciforme (Falsemia) es un trastorno de la sangre. El trastorno afecta tu cuerpo y puede hacerte enfermar. Cuando estás enfermo, puedes sentirte incómodo y distintas partes de tu cuerpo pueden doler. A veces, el dolor puede ser en un solo lugar y, otras veces, puede doler todo el cuerpo.

Hay distintos tipos de Trastornos de Anemia Falciforme. Algunos son Anemia Falciforme, Anemia Falciforme de célula C, Anemia Falciforme de célula D, Anemia Falciforme de célula E y Anemia Falciforme de célula S Talasemia Beta.

Ejercicios

Ejercitarse es bueno para el cuerpo de todos, pero es importante decirle a alguien si te sientes muy caliente, frío o cansado mientras te estás ejercitando. Escucha tu cuerpo y cuando tu cuerpo te diga que estas cansado, debes parar y descansar. Si tu cuerpo te está diciendo que tienes mucho frío, necesitas calentarte con una manta. Si estas muy caliente, necesitas tomar agua y permitir que tu cuerpo se refresque.

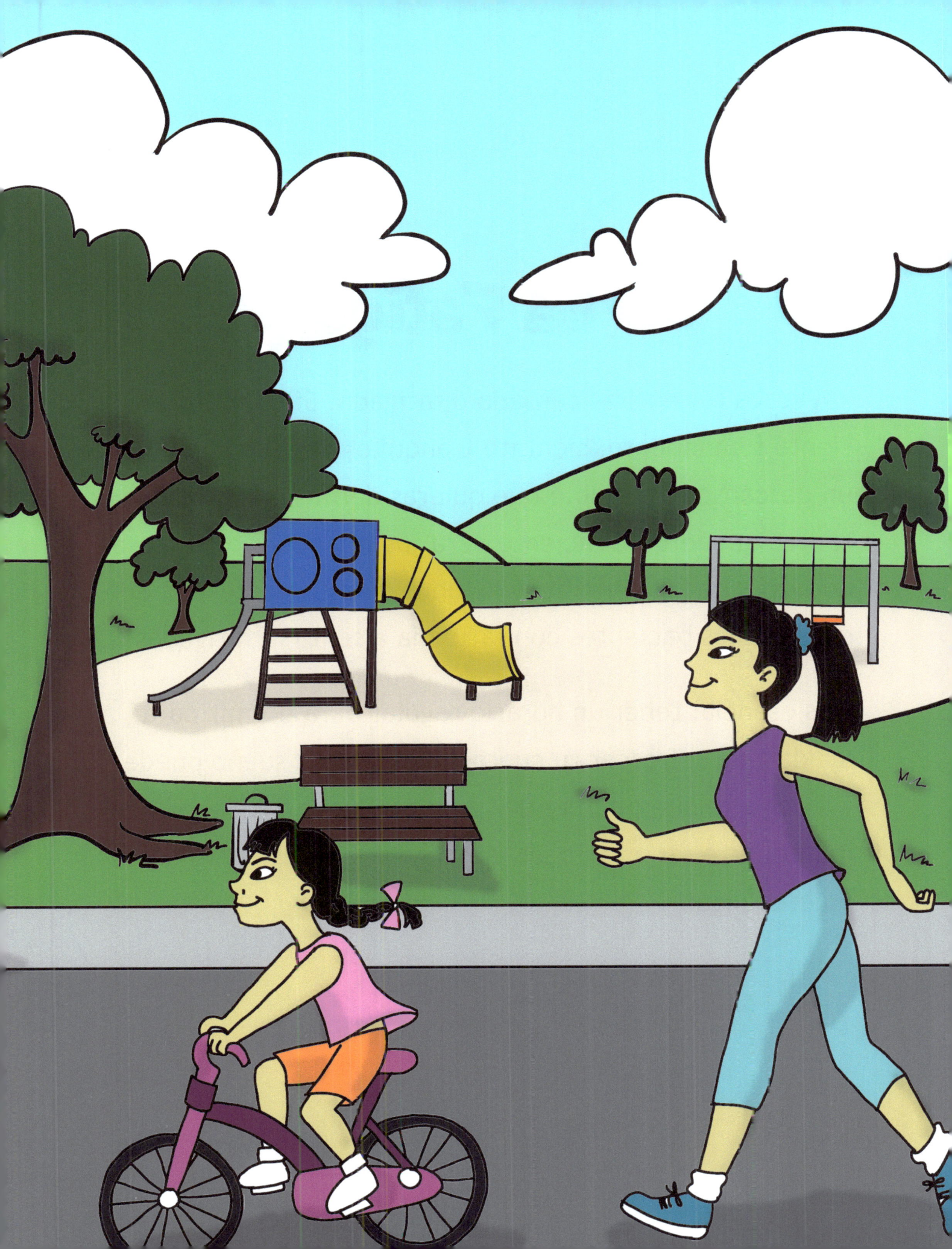

La Fatiga

A veces te sentirás cansado o fatigado. Si tu cuerpo se siente somnoliento, siéntate tranquilo, haz silencio y toma un descanso. Es posible que quieras dormir mucho y que no tengas la energía suficiente para jugar y hacer otras cosas que disfrutas. La anemia y algunos medicamentos pueden causar a los pacientes con falsemia a sentirse fatigados.

Es esencial tener un horario regular para dormir para ayudarte a refrescar tu cuerpo cada día. El sueño puede ayudar a tu cuerpo mientras creces. Puede ayudar a mantenerte sano, enfocar mejor y tener más energía cuando quieres jugar.

La Genética

La Anemia Falciforme (Falsemia) es un desorden genético, lo cual quiere decir que lo obtienes de tus padres a través de mensajeros llamados genes. Los genes son un conjunto de instrucciones que las personas reciben de ambos padres antes de la persona nacer. Llamamos al manual de las instrucciones del cuerpo ADN porque esos mensajeros le dicen al cuerpo de las personas que hacer. Todos los pacientes que tienen la enfermedad lo heredaron, lo cual significa que nacieron con ella y que las demás personas no pueden contagiarse de Anemia Falciforme.

Hematólogo

Un hematólogo es un doctor especial de la sangre que estudió como ayudar a las personas que sufren de las enfermedades de la sangre. Tu doctor de la sangre quiere ayudarte a que te sientas mejor, así que es bueno que le digas al doctor como te sientes y hacer preguntas cuando no entiendes algo sobre como te estás sintiendo o lo que él o ella está explicando.

Heredado

Los niños heredan o reciben distintas cualidades de su mamá y papá. Por ejemplo, los niños reciben el color de sus cabellos y ojos de sus padres. Tu has recibido otros rasgos de tu mamá y tu papá que te hacen la persona que eres. Porejemplo, tus ojos pueden parecerse a los ojos de tu papá. A veces las personas pueden heredar genes que no trabajan correctamente en nuestros cuerpos.

La Ictericia

Cuando la parte blanca de tu ojo y tu piel lucen amarillentos, los doctores lo llaman ictericia. A veces, tus ojos pueden verse amarillos porque tu cuerpo está trabajando muy duro para hacer nuevas células de la sangre para que puedas usar. Y, a veces, cuando tu sangre está luchando fuertemente para darle a tu cuerpo lo que necesita, la parte blanca de tu ojo se pone amarilla. La ictericia amarilla ocurre cuando los glóbulos rojos se descomponen rápidamente.

El Conocimiento

Los doctores aún están aprendiendo sobre como curar la Anemia Falciforme (Falsemia) para todas las personas alrededor del mundo. A medida que creces, también continuaremos aprendiendo sobre esto. Para que podamos mantenerte lo más saludable posible. Toda la información e investigación reunida por los doctores y otros profesionales de la salud nos ayudan a entender el trastorno mejor.

Amor

Tu familia te ama mucho. Incluso cuando estas enfermo y no te sientes bien, el amor de tu familia nunca va a cambiar. Eres amado o amada sin importar que pase. Recuerda que el amor escucha, el amor apoya y el amor espera por lo mejor.

La Medicina

Muchos niños que tienen Anemia Falciforme (Falsemia) necesitan tomar medicinas para mantenerse sanos. Cuando algunos niños son pequeños, los doctores pueden pedir a sus padres que les den penicilina dos veces al día para ayudar a mantenerlos sanos. Existen otros medicamentos que los doctores pueden prescribir y es útil poner recordatorios para que tú y tus padres puedan recordar tomar la medicación en el momento correcto del día.

La Detección en Recién Nacidos

Cuando los bebés nacen, los doctores le hacen un examen de la sangre. Los doctores chequean una pequeña cantidad de la sangre de los bebés para ver si tienen Anemia Falciforme (Falsemia). Los niños con Anemia Falciforme (Falsemia) son recomendados a empezar a visitar a un hematólogo para tratamiento.

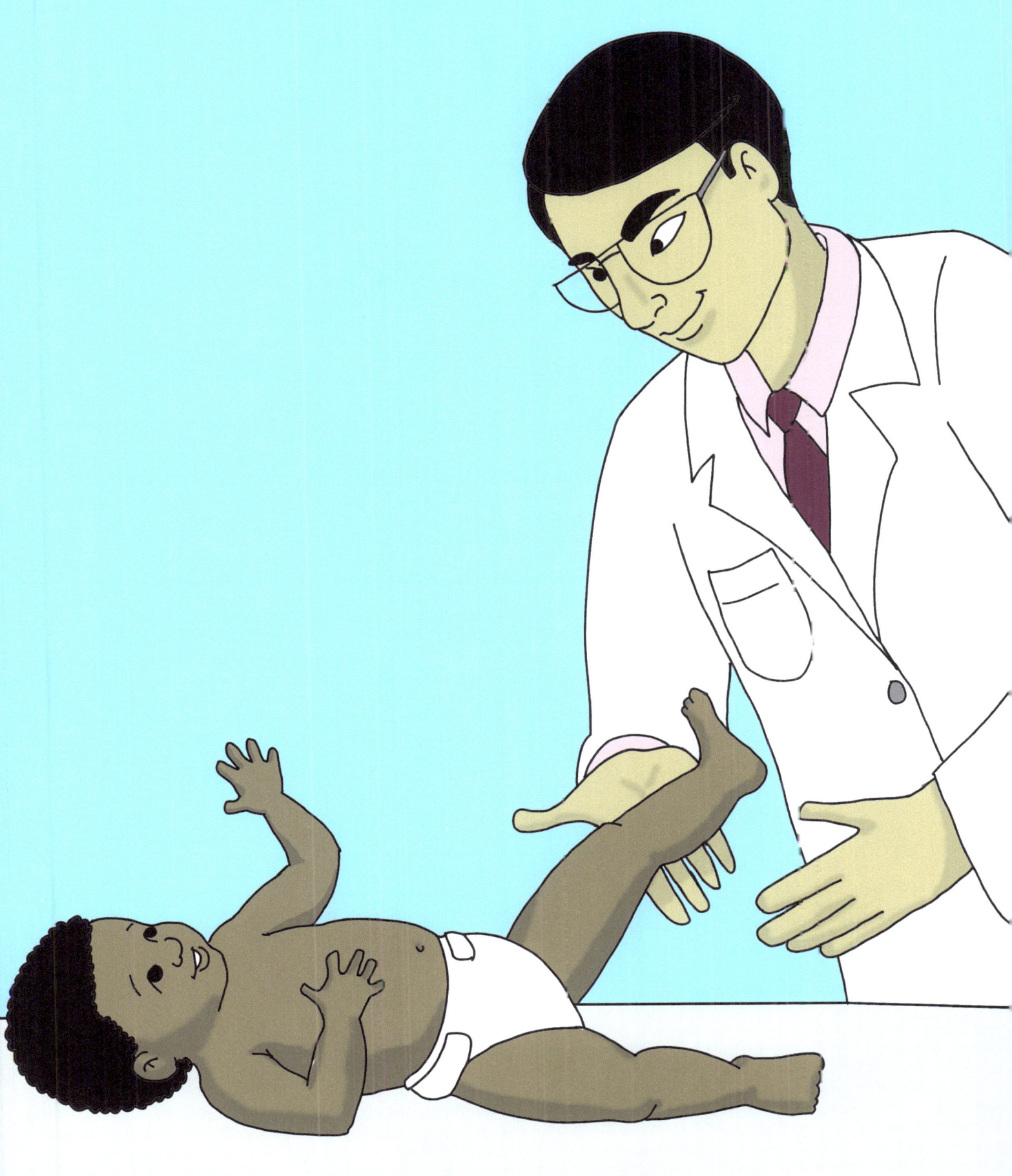

Oxígeno

Todos los seres vivos como las personas, animales y plantas necesitan oxígeno para vivir. La hemoglobina es la proteína en tus glóbulos rojos que llevan el oxígeno. Tus glóbulos rojos comienzan el trayecto de tu médula ósea, recorren a tu corazón y luego son bombeados a otras áreas de tu cuerpo. Uno de sus objetivos principales es darle a tu cuerpo el oxígeno que necesita para sobrevivir.

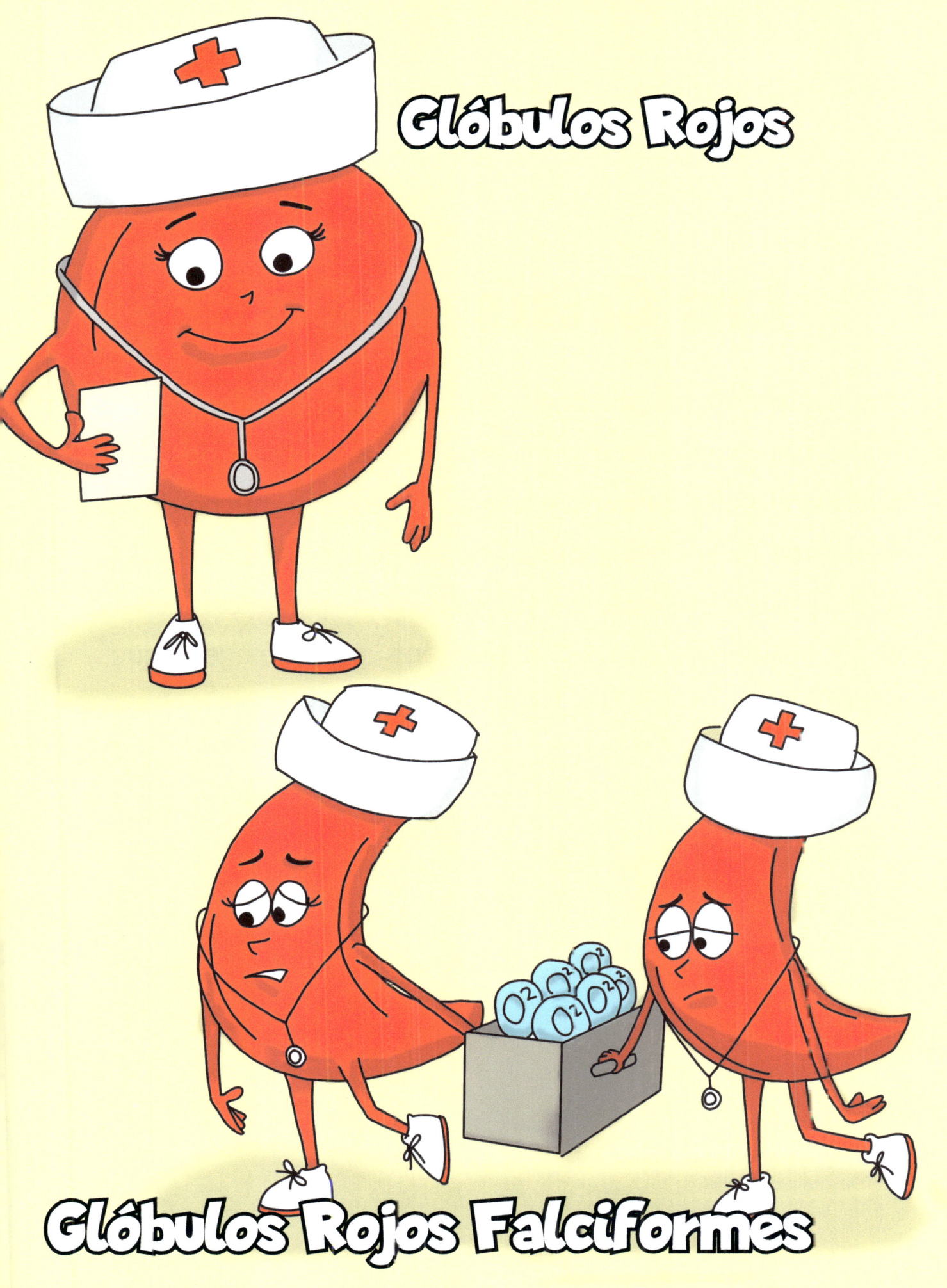

Las Crisis de Dolor

Algunas veces, las personas con Anemia Falciforme (Falsemia) pueden sentir mucho dolor en sus cuerpos. Cuando el dolor causa que una persona sufra mucho dolor, es llamado una crisis y puede durar varias horas o varios días. El dolor viene de los glóbulos rojos que se estancan en los vasos sanguíneos y no pueden suplir el oxígeno que necesitas.

Las Preguntas

Existe mucha información para que las personas aprendan sobre la Anemia Falciforme (Falsemia). Recuerda, que siempre puedes preguntar a un doctor, enfermera o familiar tus dudas sobre Anemia Falciforme (Falsemia) o el cuerpo humano. A veces, tus padres o tú pueden escribir sus preguntas que les surjan para hacerlas al médico en su próxima cita.

Recordar

Recuerda que es vital cuidar de ti misma o mismo incluso cuando no quieras. Si no estas sintiéndote bien mientras estés lejos de tus padres, dile a un adulto para que consigas ayuda. Las personas viviendo con Anemia Falciforme (Falsemia) pueden tener retos, pero con amor, cuidados y siguiendo las instrucciones del doctor, pueden llevar una vida saludable e inspiradora.

Falciforme

Los doctores llaman Falciforme a los glóbulos rojos cuando no están formados redondos, pero como si fuesen la letra c o conformado como forma de luna creciente. Algunas veces, cuando nuestra sangre está falciforme, puede estancarse en nuestro cuerpo y bloquear los vasos sanguíneos, el cual duele.

¿Qué es Anemia Falciforme? Anemia Falciforme ocurre cuando la mayoría o todos los glóbulos rojos en el cuerpo de una persona son falciformes.

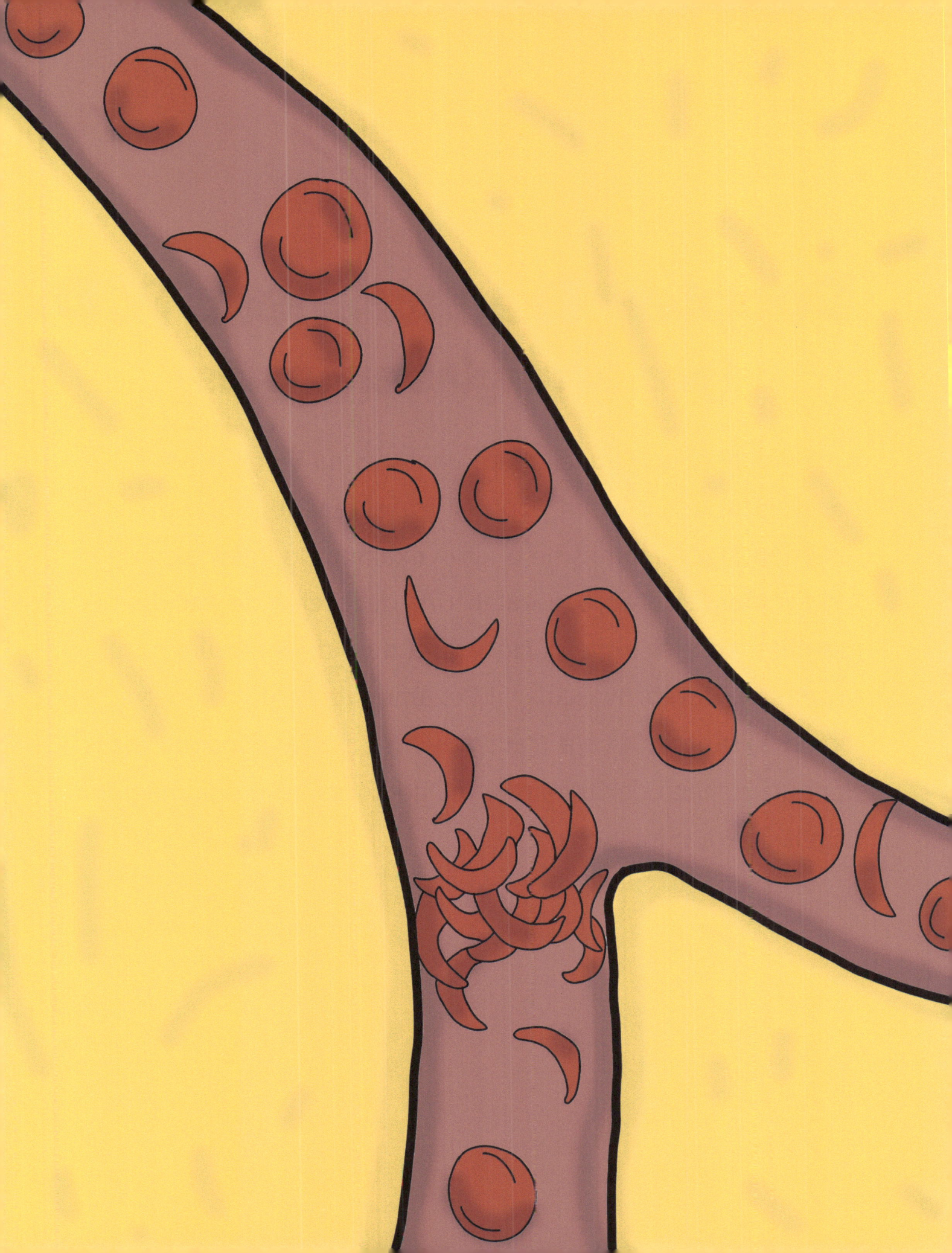

Doppler Transcraneal TCD (por sus siglas en inglés)

Una vez al año, algunos niños con Anemia Falciforme (Falsemia) le hacen un Doppler Transcraneal (TCD). Un examen TCD es lo mismo que un examen de detección de un accidente cerebrovascular. Una detección de accidentes cerebrovascular mide el riesgo del niño de tener un accidente cerebrovascular. El examen le dirá a tu doctor como tu sangre fluye a través de tus arterias. Cuando estas en el estómago de tu mamá, los doctores usan una máquina similar para mirarte.

Ultrasonido

Los ayudantes de los doctores usan una máquina de ultrasonido para tomar fotos de diferentes partes de adentro de tu cuerpo. Está máquina no es dolorosa, pero puede dar cosquillas. Es la misma máquina que usan cuando tomas el examen para la detección de accidentes cerebrovasculares. Durante el TCD, si estás callado y escuchas atentamente, puedes escuchar el sonido de tu sangre bombeando dentro de tu cerebro.

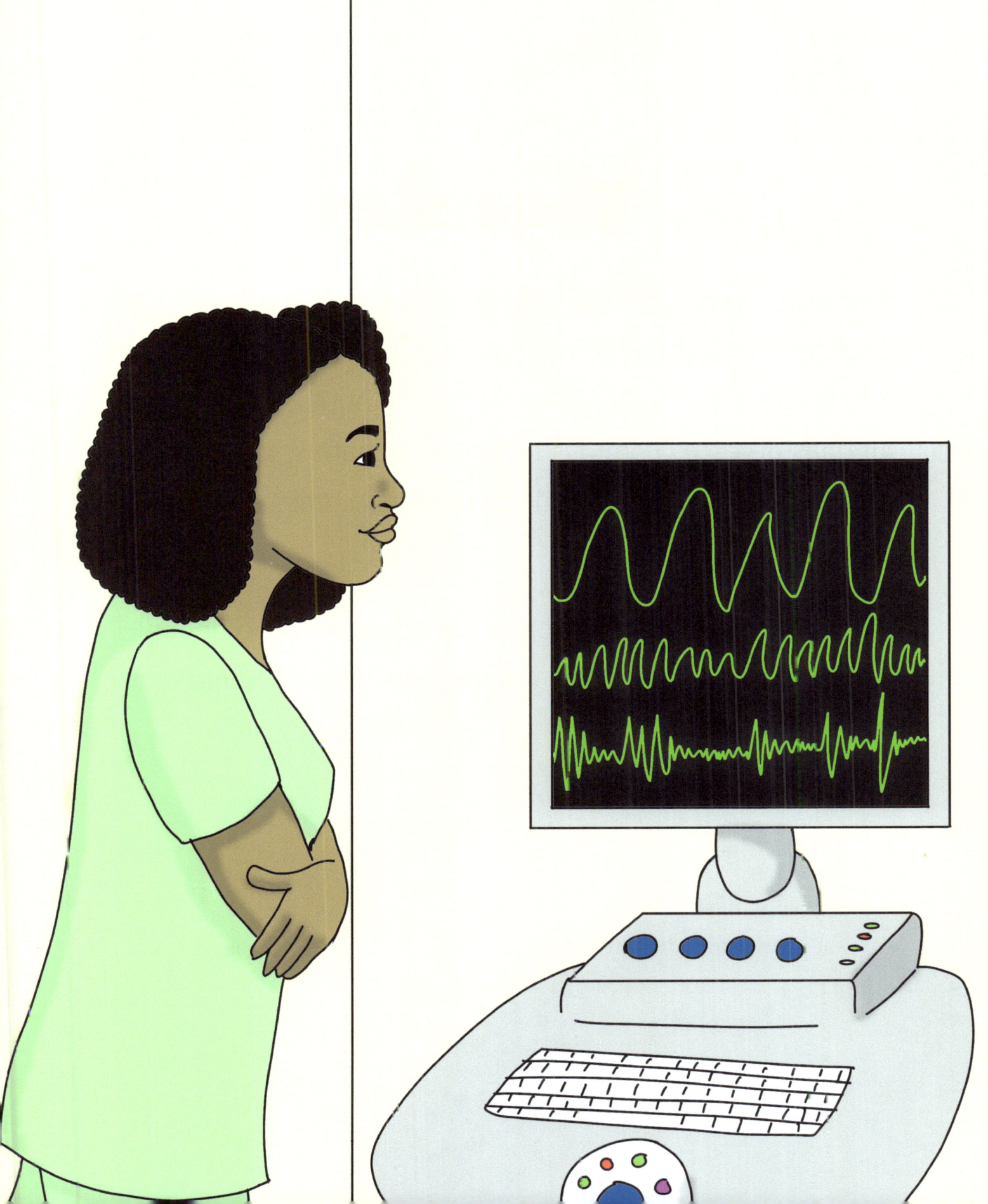

Vegetales

Necesitas comer comidas saludables para tener mucha fibra. Esta comida es beneficiosa para tu cuerpo ya que le da los nutrientes apropiados para producir glóbulos rojos fuertes. Algunas de estas comidas son nueces, habas, zanahorias, repollo, espinaca y brócoli. Es esencial comer una dieta balanceada.

Hay como 5 grupos principales de alimentos que debes comer: vegetales, frutas, granos, proteínas y comidas lácteas.

Agua

Tu cuerpo necesita mucha, mucha agua, así que toma agua todos los días durante el día. Cuando una persona no tiene suficiente agua en su cuerpo, se llama deshidratación. El agua también puede ayudar a empujar mejor las células de la sangre del cuerpo por los vasos sanguíneos.

Rayos X

Algunas veces, los doctores quieren ver fotos de tus huesos y articulaciones para ver como están creciendo. También pueden tomar fotos para ver si hay hinchazón que puede ocurrir durante una crisis o para ver si tienes una infección en tus pulmones llamada neumonía. La máquina que toma las fotos no duele, pero necesitarás estar sentado o parado sin moverte para que la imagen esté clara.

Años

Puedes tener Anemia Falciforme a lo largo de tu vida. Por lo tanto, ten un plan para establecer hábitos saludables cada día. Comiendo saludable, tomando suficiente agua, lavándote las manos regularmente, visitando tu doctor, tomando la medicina que tu doctor te manda y descansando lo suficiente, podrás disfrutar tu vida por muchos años por venir.

Cero

Nuestro objetivo que es un día habrá cero dolor para personas con células sanguíneas falciforme. Esperamos que las personas viviendo con Anemia Falciforme (Falsemia) puedan vivir una vida saludable y sin dolor.

Personas que viven con Anemia Falciforme (Falsemia) pueden lograr éxitos y tener distintos tipos de carreras. Ellos pueden convertirse en doctores, enfermeras, abogados, artistas, predicadores, maestros, terapeutas, autores, modelos, actores y actrices, bailarines y mucho más. No permitas que la Anemia Falciforme (Falsemia) te pare de vivir tus sueños.

Preguntas que hacer

¿Has aprendido una palabra nueva o datos hasta aquí?

¿Cómo te hizo sentir este libro?

¿Cuál es tu ilustración favorita y por qué?

¿Por qué piensas que otras personas deben leer Aprendiendo Sobre La Anemia De Células Falciformes?

¿Deberían otros niños leer Aprendiendo Sobre La Anemia De Células Falciformes? ¿Porqué o porqué no?

¿Cuál es la idea principal de este libro?

¿Hay algunas palabras en este libro que no conozcas?

¿Cuál es tu vegetal favorito para comer?

¿Cuál es tu palabra favorita en el libro y por qué?

¿Puedes contar cuantas veces la palabra saludable aparece en el libro?

¿Cuántas veces aparece la palabra descanso en el libro?

Sobre la Autora

Elle Cole es una mamá de gemelas, una de las cuales vive con Anemia Falciforme (Falsemia). Luego de ella y su esposo saber que su hija tenía Anemia Falciforme, ella deseaba que hubiese una guía para ayudar a los padres y niños a entender más sobre la enfermedad. Ella escribió Los ABC's de la Anemia Falciforme para ayudar a su hija a aprender más sobre como vivir con Anemia Falciforme.

Ella sirve como una defensora para padres de Anemia Falciforma (Falsemia) y Diabetes Tipo 1. Ella es embajadora para el St. Jude's Children's Research Hospital (Hospital de Investigación para niños St. Jude). Ella también crea consciencia sobre trastornos genéticos y enfermedades auto-immunes para ayudar a mejorar la calidad de vida de personas viviendo con estas enfermedades.

Elle recibió el premio Bronze Congressional Award y ha sido destacada en NPR, ABC 7, BBC World Service Radio, NBC Washington y ha sido invitada a muchos poccasts. Ella es scritora, speaker/charlista motivacional, anfitriona o host de podcast y estratega de redes sociales.

Una narradora apasionada y una anfitriona/host de podcast.La puedes escuchar en "The Cleverly Changing Homeschool Podcast" en Apple podcast o en su blog para padres CleverlyChanging.com.

¿Te encontraste este libro interesante o útil? De ser así,por favor deja un comentario en Amazon, solicita este libro en tu librería local y pídele a un doctor que lo comparta con otros pacientes.

www.ingramcontent.com/pod-product-compliance
Lightning Source LLC
LaVergne TN
LVHW072311090526
838202LV00018B/2265